Educación Primaria

Primer Ciclo

1

Trineo

LECTURAS

EDITORIAL EVEREST, S. A.

MADRID • LEON • BARCELONA • SEVILLA • GRANADA • VALENCIA
ZARAGOZA • LAS PALMAS DE GRAN CANARIA • LA CORUÑA
PALMA DE MALLORCA • ALICANTE – MEXICO • BUENOS AIRES

Autora: Dori Oliver Motos

Coordinación editorial: Juan Carlos Carrascosa Calpena

Maquetación: Agustín Berrueta

Ilustraciones: Carlos Rodríguez Rosillo

Diseño de la cubierta: Alfredo Anievas

TERCERA EDICIÓN

Carretera León-La Coruña, km 5-LEÓN
ISBN: 84-241-6893-3
Depósito legal: LE. 1406-2000
Printed in Spain - Impreso en España

EDITORIAL EVERGRÁFICAS, S. L.
Carretera León-La Coruña, km 5
LEÓN (España)

Poliana y Zoni

La familia de Poliana

La familia de Toni

Sus amigos y amigas

Si tú no estás...

...sólo tienes que dibujarte.

Poliana y Toni se asoman al **balcón** de su piso.

Salen y se saludan:

-¡Hola, Toni!

-¡Hola, Poliana!

Después, se sientan en el suelo. Toman el sol y...

...se lo pasan fenomenal con tantos **juguetes**: motos, muñecas, pelotas, autos, y hasta un piano.

El pie de Pepe
a Pamela pisó.
-¡No me pises, Pepe,
o te piso yo!

¿Adivinas qué es?

Tiene papel,
pero tú lo pelas
y tiras el palo
a la papelera.

Es ________ ________

Soy un animal
de muy linda melena,
no quiero asustar
ni al nene ni a la nena.

Soy ________ ________

Yo lo leo rápido,
¿y tú?
Tomás, tú tomas tomate,
pero yo tomaré té;
tomo té y Tomás, tomate.
¿Tú tomas tomate o té?

Un pelo en la sopa

El pato de Poliana

Poliana tiene un pato. Se lo dio su tío Luis el día de su santo. El patito salta y pía. Se pasea y pisotea el suelo de la sala.

El papá de Poliana sale del dormitorio y lo toma en sus manos.

El animalito se asusta: ¡Cuá, cuá, cuá...!

–¡No temas, patito!

Papá le alisa las **plumas** suave, suave. El patito le picotea en un dedo.

Es un animal muy juguetón. Ya no tiene miedo.

Una cuna y una cama

Elena sólo tiene once meses. Toni dice que es la "peque" de la casa. Los dos duermen en el mismo dormitorio. Él en su cama y ella en una cuna.

Cuando Elena se despierta y no se puede dormir, Toni le da la mano. Le canta una nana y le acaricia el pelo. Así se quedan, poco a poco, dormidos.

En ocasiones es Zoni quien no puede dormir.
Se despierta muy asustado porque tiene pesadillas.
Entonces se siente solo. Por eso coloca a Elena a su lado. Con ella se le pasa el miedo.
En su cama, con sus caras juntas, Zoni y Elena descansan.
¿Quién piensas que los despertará?

Un paquete muy especial

Esta tarde, Poliana y Manuel están muy ocupados. Es el santo de su mamá.

Con papeles y lazos de colores quieren hacer un hermoso paquete. Será su regalo.

-¿Qué es, qué es? -insiste Zoni.

-Quédate a cenar y así lo verás -contesta Manuel.

Y Zoni, que es muy curioso, pide permiso en su casa y se queda a cenar.

Durante la cena dan el paquete a mamá.

-Has de adivinar qué es -comenta Poliana.

Mamá pide que le den alguna pista. Poliana piensa durante unos minutos y después contesta con esta adivinanza:

Le doy a la pelota
que pase la red,
y si luego vuelve
le pego otra vez.

-¡Yo lo sé, yo lo sé! ¡Una raqueta, es una raqueta! ¿A que sí? -dice Toni sin poder contenerse. Todos sonríen.

Sí, es una raqueta, pero una raqueta muy, muy especial.

Manuel y Poliana le habían pintado con rotuladores un lindo mensaje:

A mamá, por supuesto, le encantó el regalo. Pero, sin duda, lo que más le entusiasmó fue su mensaje. ¡Qué paquete tan especial!

Historia de mosquitos

Un día, dos mosquitos se posaron en la mano de Poliana. Querían picarla en un dedo, pero no se ponían de acuerdo en quién tenía que empezar. Y comenzaron a discutir.

-¡Yo, yo! Me toca a mí -decía Mosquitín.

-Pero yo estaba aquí antes -contestaba Mosquitán. Pensaron echarlo a suertes y, así, no se pelearían más. ¿Cómo lo harían?

Necesitaban una canción para echar a suertes. Tenían que pensar y recordar alguna.

Después de unos minutos, Mosquitín se acordó de una. Se la enseñó su mamá cuando era pequeño. Decía:

Tilín, tilán,
¿quién le picará,
este o ese
o usted lo hará?

Pero Poliana los oyó. Entonces, levantó rápidamente la mano de la mesa.

Los dos, cantando y cantando, no la pudieron picar.

Ratoncita Pérez

A Poliana se le ha caído un diente. Está muy emocionada. Su papá dice que, si lo pone debajo de su almohada, vendrá Ratoncito Pérez con una sorpresa.

Poliana coloca el diente en una cajita color celeste. Lo mete bajo su almohada.

Quiere conocer al ratón y, por eso, decide hacerse la dormida. Será muy divertido conocerlo. ¿Cómo será ese ratón mágico?

Cuando ya estaba casi dormida de tanto esperar escuchó un ruido. Además, notó que su almohada se movía.

-¿Será el ratoncito? -pensaba. Comenzó a asomar un ojo por entre las sábanas y... Sí, parecía él. Tenía cara de ratón, orejas de ratón y hasta bigotes de ratón. Pero no era un ratón. Era una ratoncita.

¿Quién eres tú?
Yo soy Ratoncita Pérez.
¿Y dónde está Ratoncito Pérez?
Está poniendo más regalos. Somos cinco hermanos y hermanas. Todos hacemos lo mismo.
¡Qué divertido! ¿Qué me vas a regalar?
Un libro de poemas, cuentos y adivinanzas. ¿Leemos un poco?

Canción

Al corro de la patata,
comeremos ensalada
como comen los señores,
naranjitas y limones.
¡Achupé, achupé,
sentadito me quedé!

El pirata loco

Su pata de palo,
un loro verdoso,
su cara de malo
y un parche en un ojo,
el pirata loco.

Pantalones rotos,
camiseta a rayas,
nariz alargada
y pelo muy poco,
el pirata loco.

Montado en su barco
de negra bandera,
el pirata loco
se irá a navegar.

Dori Oliver.

¿Qué le falta?

Por la calle abajito
van dos ratones;
uno lleva enaguas
y otro calzones.

Tipi-tape, tipi-tape,
tipi-tape, tipitón,
tipi-tape, zape-zapa,
zapatero remendón.

G. Berdiales

Adivina, adivinanza:

Se pone en el pie
y no vas descalzo,
si lleva cordones
un nudo le ato.
Soy ______ ____________

Dos hermanitas,
rojas las dos,
agarradas de la mano
me las como yo.
Son ______ ____________

Soy redonda, muy redonda,
ruedo, ruedo sin parar;
vamos cuatro en cada coche
y en las bicis dos, no más.
Soy ______ ____________

El armario zapatero

Armario zapatero,
desorden total,
cada uno deja
cosas sin mirar.

Mis botas azules
encima de un zueco;
un zapato alto
que usa mamá
nadie lo ha encontrado,
¿por dónde andará?

Papá se marchó
con sus zapatillas,
porque sus zapatos
dice que no vio.
Todo este desorden
no me gusta nada,
lo ordenaré yo.

Dos zuecos azules,
sandalias moradas,
unas botas verdes
y otras encarnadas.

Dos zapatos altos
de fino tacón,
y otros dos bajitos
de color marrón.

Varios deportivos
y dos pares más;
así ordenados,
da gusto mirar.

Dori Oliver

¿Quién viene?

Hoy es un día importante en casa de Toni.

A las ocho en punto, Toni se ha levantado. No ha sido necesario que sonase el despertador. Se ha despertado él solo. Se ha aseado y ha hecho su cama rápidamente.

Después del desayuno, todos están listos para ir a la estación. Bueno, todos menos Elena, que acaba de hacerse caca. Han de cambiarla antes de salir porque, ¡vaya perfume!

Han ido a la estación. Esperan un ratito y ven acercarse un autobús de dos pisos.

A los pocos minutos se detiene el autobús y bajan dos encantadoras personas con caras sonrientes.

Zoni, al verlos, sale corriendo:

-¡Abuela, abuelo! ¡Estoy aquí, aquí!

-¡Hola, hola! -contestan sus abuelos.

De vuelta a casa, Zoni les ayuda a deshacer las maletas. Seguro que encontrará regalos para todos.

Unos abuelos bailones

Los abuelos de Toni han invitado a los niños al parque. También Elena los acompaña en su cochecito.

Poliana y Toni suben a los columpios, bajan por el tobogán, beben en la fuente... y, muy cansados, se sientan en un banco.

Ya no se les ocurren más juegos. Por eso continúan así durante un buen rato con caritas de aburrimiento. Los abuelos los observan y...

...la abuela saca de su bolso una bonita comba. El abuelo la sujeta por un lado y ella por el otro. Los dos comienzan a moverla y a cantar:

Al pasar la barca,
me dijo el barquero:
-Las niñas bonitas
no pagan dinero.
-Yo no soy bonita
ni lo quiero ser,
tome usted su barca
y lo pase bien.

Poliana y Toni corren hacia ellos y empiezan a saltar. Después de un buen rato, dice el abuelo:

-¡Agarrad la cuerda, que ahora nos toca saltar a nosotros!

Y sin pensarlo dos veces, el abuelo y la abuela comienzan a saltar y a bailar al ritmo de la canción.

¿Verdad que son unos abuelos súper-divertidos y muy bailones?

El cocherito leré,
me dijo anoche leré,
que si quería leré,
montar en coche leré.
Y yo le dije leré,
con gran salero leré:
–No quiero coche, leré,
que me mareo, leré.

¡Qué susto!

Era sábado. Toni estaba ordenando su habitación. Escuchó un ruido y se volvió un poco asustado. No vio nada. Entonces continuó colocando sus cosas en el armario. Al momento, oyó de nuevo aquel sonido.

-¿Quién es, quién está ahí?-chilló muy nervioso. Pero nadie contestó. Sólo se oían unos pasos y una voz que decía: -¡Uuu, uuu, u...!

Casi se cae del susto cuando vio aparecer por la puerta un fantasma. Un fantasmita bajito que se acercaba rápidamente. Toni no sabía qué hacer. ¿Debería echar a correr o sería mejor esconderse?

Ya no había tiempo, porque el fantasma estaba casi a su lado. Tenía tanto miedo, que comenzó a chillar:

–¡Socorro, un fantasma, ayudadme! Y echó a correr. Pero, en su carrera, rozó al fantasma y...

...entonces se le acabó el miedo. No era un fantasma, sino Elena que se había enredado en la sábana de su cuna.

La niña asomaba su carita por la ropa y seguía gateando por la habitación. Repetía sin parar:

–¡Uau, uuu, uau, uuu...!

Toni la ayudó a salir de la sábana. ¡Menudo susto le había dado!

Dame tu manita y vamos a jugar.
¡Gu, gu, gu!
Éste compró un huevito.
Éste lo coció.
Ésta le echó sal.
Ésta lo probó.
Y este pícaro gordito todito se lo comió.

NANA

La loba, la loba
le compró al lobito,
un calzón de seda
y un gorro bonito.

La loba, la loba
salió de paseo,
con un traje rico
y su hijito feo.

La loba, la loba
vendrá por aquí,
si este niño mío
no quiere dormir.

Juana Ibarbourou

Elena se ha dormido escuchando la nana. Zoni y Poliana juegan con las palabras. ¿Quieres jugar con ellos?

Nuestro amigo Miguel

-¡Din-don, din-don! -el timbre de casa de Poliana no deja de sonar. Su hermano Manuel sale a abrir la puerta.

Es Miguel, un buen amigo de Zoni y Poliana, que viene a jugar con ellos. Es un compañero de clase muy simpático.

A Miguel le gusta mucho leer y de mayor quiere ser poeta. Bueno, poeta o sabio, porque todavía no se acaba de decidir. Los dos oficios le parecen estupendos.

El lagarto está llorando.
La lagarta está llorando.

El lagarto y la lagarta,
con delantalitos blancos.

Han perdido sin querer,
su anillo de desposados.

¡Ay, su anillito de plomo;
ay, su anillito plomado!

Federico García Lorca.

Guillermina la lunita
tenía la cara redonda,
un lunar en la mejilla
y una sonrisa preciosa.

Ahora la lunita llora
porque perdió su lunar,
cuando se estaba mirando
en el espejo del mar.

Marineros, capitanes,
lo buscaron sin cesar,
sin saber que lo tenía
el bueno del calamar.

Dori Oliver.

Malas noticias

Poliana, Zoni y Miguel juegan ahora en el salón de la casa. En la televisión dan las noticias. Los tres se vuelven y prestan atención.

Dicen que en un lugar lejano hay guerra. Se ven niñas y niños llorando y sin comida, que lo pasan muy mal.

Ellos se apenan mucho y piensan que deberían ayudar. Pero, ¿cómo? ¿Quién podría parar esa guerra tan mala?

Tras mucho pensar, encuentran una solución para poder parar la guerra en aquel país. Se dirigen a la habitación de Poliana y buscan papel y lápiz. Han decidido que el único que les puede ayudar es Papá Noel. Necesitan avisarle rápidamente de lo que ocurre y, por eso, le envían esta maravillosa carta.

Querido Papá Noel:

Este año queremos pedirte un regalo muy especial. Es para unos niños y niñas que lo pasan mal, porque su país está en guerra. Queremos **PAZ** para ellos y para todo el mundo.

No te olvides, por favor.

Un beso te mandan:

Poliana Miguel Toni

¡Cuántas cosas divertidas!

A Poliana le gustan mucho los lunes, casi tanto como las tartas de chocolate. Y es que cada lunes vuelve al colegio con sus amigos y amigas, y con Carlos, su profesor.

En su clase de Primero nadie se aburre jamás, porque todos los días están llenos de sorpresas.

Esta tarde, Carlos y todos los niños y niñas han decidido que cada equipo ha de preparar lo que prefiera, y su portavoz lo contará a los demás.

¿Qué pensáis que se les habrá ocurrido?

La tortuga

Verde, lenta, la tortuga.
¡Ya se comió el perejil,
la hojita de la lechuga!
¡Al agua, que el baño está
rebosando!
¡Al agua
pato!
Y sí que me gusta a mí
y al niño, ver la tortuga
tontita y sola nadando.

Rafael Alberti

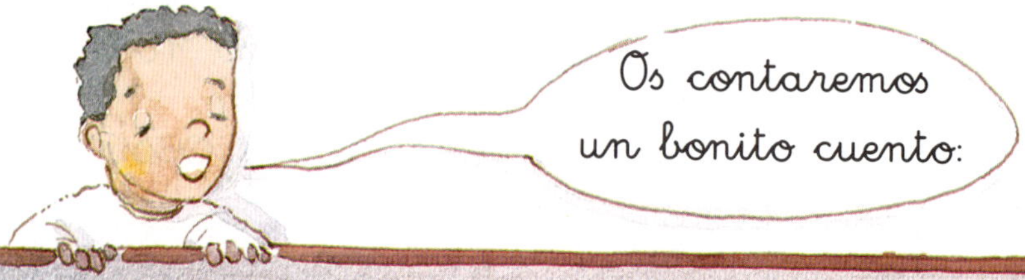

Cenicienta

Había una vez, en un lejano país, una bella muchachita. Su padre se había casado con una mujer que tenía dos hijas feas y antipáticas.

Cuando el hombre se tuvo que marchar de viaje, la madrastra y sus hijas, que eran muy envidiosas, empezaron a tratarla mal.

La obligaban a trabajar sin descanso y a ir vestida con ropa vieja. Para burlarse de ella, la llamaban Cenicienta.

Un día llegó un mensajero real con una invitación. Era para la fiesta que ofrecía el príncipe Federico. Cenicienta quería ir, pero su madrastra se rió de ella diciéndole:

-¿Crees que con esos **harapos** te dejarían entrar? ¡Ja, ja, ja...!

Y Cenicienta tuvo que planchar sus trajes, peinarlas, ayudarlas a vestirse...

Cuando se marcharon, se echó a llorar. Se sentía triste y sola, aunque sus amigos los ratoncillos intentaban consolarla.

Al momento se le apareció su hada madrina.

Tocó con su varita mágica una calabaza y quedó convertida en una hermosa carroza dorada. Los ratones se transformaron en sus cocheros y Cenicienta apareció vestida con el más maravilloso de los vestidos.

Y en la fiesta bailó con el príncipe hasta que dieron las doce. Entonces salió corriendo y en su carrera perdió uno de sus zapatitos de cristal.

El príncipe mandó que se probaran el zapato todas las jóvenes del reino. Hasta las hermanastras intentaron meter sus grandes pies en él, pero fue inútil. Tan sólo a la bella Cenicienta le quedaba perfecto.

El príncipe se alegró mucho de encontrarla y, como estaban muy enamorados, no tardaron en celebrar una fantástica boda.

Mi niño está enfurruñado.
¿Quién lo desenfurruñará?
El desenfurruñador
que lo desenfurruñe,
buen desenfurruñador será.

En el monte hay una
cabra ética,
perlética, pelambrética,
peluda, pelapelambruda.
Tiene unos hijos éticos,
perléticos, pelapelambréticos,
peludos, pelapelambrudos.

En la casa de Fidel
siempre entra
el número tres:
una, dos y tres.

Zapatitos de cristal,
si te toco,
salve estás.

Una y dos,
patatas
y arroz,
lentejas con chorizo
y un huevo frito.
¿Quién se lo comerá?
El que le toque "ya".

Una mosca
en un cristal
hizo: plis-plas,
salve tú estás.

Esto era un gato siamés
que caminaba al revés,
apoyaba la cabeza
y pensaba con los pies.
¿Quieres que te lo cuente
otra vez?
Que no me digas **Sí**
ni me digas **No**,
que esto era un gato siamés
que caminaba al revés,
apoyaba la cabeza
y pensaba con los pies.
¿Quieres que te lo cuente
otra vez?
Que no me digas...

Carlos, el profesor, les propone jugar a los mensajes secretos.

Mensaje de Carlos

Hoy ha llegado a la 

un  muy grande.

Creo que tiene muchos  y

un  con muchos 

Actúan también  y unas

 muy divertidas.

He leído en el  que necesitan

otro , porque uno de ellos se

ha roto una 

Carlos

Mensaje de la clase

Les pediremos a  y a 
que nos lleven a ese 
Sería maravilloso ver actuar a
los  y a los 
Aunque lo que más nos gustaría a
todos es actuar de 
y escuchar los  del 

La clase de Primero

Manuel ya tiene novia

La familia de Poliana ha salido a pasear por la playa. Como hace frío no pueden mojarse los pies, pero sí caminar por la orilla.

Manuel ha encontrado una caracola de gran tamaño. Con ella se puede escuchar el sonido del mar, como si todo el agua estuviera metida allí. No entienden ese misterio, pero su madre les explica que es su propio oído el que produce el sonido. ¡Cuánto sabe mamá!

Ya en casa, Poliana le pide a Manuel la caracola, pero él le dice que se la va a regalar a Nuria, una compañera de clase.

-¿Por qué a Nuria? -pregunta intrigada.

-Porque somos novios -contesta Manuel, poniendo cara de enamorado.

Poliana no sabe bien qué significa ser novios, pero lo que sí ha notado es que, a los enamorados se les pone una cara muy, pero que muy rara.

Manuel le lleva a su novia la caracola y este pequeño poema que copia de un libro.

Me han traído una caracola.

Dentro le canta
un mar de mapa.
Mi corazón
se llena de agua
con pececillos de sombra y plata.

Me han traído una caracola.

Federico García Lorca

Poliana corre a su habitación y anota en su diario, con letras muy grandes:

¡Manuel ya tiene novia!

EL RESFRIADO DE POLIANA

Mi primer resfriado

Me duelen los ojos,
me duele el cabello,
me duele la punta
tonta de los dedos.
Y aquí en la garganta
una hormiga corre
con cien patas largas.
¡Ay! mi resfriado,
chaquetas, bufandas,
leche calentita
y doce pañuelos
y catorce mantas
y estarse muy quieta
junto a la ventana.

Celia Viñas

Zoni ha venido a ver a Poliana. Se ha imaginado que estaría aburrida y ha pensado hacerle compañía.

-¿Qué habéis hecho hoy en el cole, Zoni?

-Hemos aprendido un juego súper-guay.

-¿Podemos jugar nosotros ahora? -pregunta Poliana entusiasmada.

-Claro, si te sientes ya mejor... El juego consiste en rimar frases disparatadas; verás cómo nos reímos.

Ayer vi un elefante
con traje y muy elegante.

Tengo dentro del bolsillo,
ocho kilos de pepinillos.

Yo vi pasar una bruja
por el ojo de una aguja.

¡Ja, ja! Yo he encontrado un ratón,
tan grande como un camión.

Pues yo también vi ....

....

Mis ahorros

Por fin llegó el día que Poliana esperaba. Hoy podrá romper su hucha. Quiere comprarse unos patines. ¡Ojalá haya suficiente dinero!

Lo único que siente es tener que destrozar el lindo cerdito. En fin, allá va:

-A la una, a las dos y a las tres.

-Y ahora, ¿quién me ayuda a contar?

-No te preocupes, hija, contaremos entre todos.

Y tenía el dinero justo para unos patines.

Dependienta: -¿Qué desean?

Poliana: -Quisiera esos patines blancos del escaparate.

Dependienta: -En seguida te los traigo...

Poliana: -Muchas gracias. Este es mi número. Me quedan fenomenal.

Dependienta: -¿Entonces se los quedan?

Padre: -¿Puedes pagarlos, Poliana?

Poliana: -Sí, sí. Y no los envuelva que me los llevo puestos.

Madre: -Eso no, Poli, sería peligroso.

patinar

No muy lejos de su casa hay una pista de patinaje. Poliana va a estrenar sus patines, y Toni también lleva los suyos.

Las calles están abarrotadas de coches y motos. ¡Menudo tráfico tiene esta ciudad!

Parados en un semáforo, esperan y esperan a que se ponga verde para cruzar. Quizá esté estropeado porque tarda demasiado.

-¡Pero si es de botón! -descubre Toni-. Sólo se pondrá verde si lo apretamos. ¡Vaya despiste el nuestro!

Toni y Poliana observan todas las señales de tráfico que encuentran y preguntan lo que significa cada una.

La tarde fue divertidísima. Patinaron sin descanso, se cayeron y se levantaron montones de veces. Pero, sin duda, el momento más gracioso fue cuando sus padres y madres decidieron alquilar unos patines y unirse a ellos.

¿Quién creéis que se caía más?

¡Pobre Max!

Max, el patito de Poliana, está muy raro. No quiere comer. No quiere jugar. No quiere ni siquiera decir: ¡Cuá, cuá! Tampoco picotea como otros días. Se ha quedado quietecito en su rincón. Poliana intenta animarlo:

-¡Max, vamos a dar un paseo, venga! ¿Estás enfermo? ¡Pobre Max! No te preocupes, yo te cuidaré.

Sana, sana,
culito de rana,
si no sanas hoy
sanarás mañana.

Picotea una magdalena
y se acabarán tus penas.

Si te duele el pico,
cuenta hasta cinco.

Para el dolor de cabeza,
lo mejor son las cerezas.

Y cantando una canción,
se te alegra el corazón.

Pero Max no se anima. Por eso lo llevan al veterinario para que lo cure.

-No te preocupes, se pondrá bien. Echadle cinco gotas en el agua y mejorará rápidamente -dice amablemente el veterinario.

-¿No necesita nada más?

-Por supuesto, pequeña, necesita todo el cariño que puedas darle -contesta el veterinario.

-Pues le daré todo el cariño del mundo y así se curará en un periquete.

Mi patito

Doña Pata tiene un pato
que le sigue a todos lados.
Doña Pata tiene un pato
que va siempre muy cargado.

Usa tirantes, sombrero,
lleva gafas, bañador,
caña de pescar, **anzuelo**
y un bonito flotador.

Doña Pata tiene un pato
que sin duda es el mejor,
este año se ha apuntado
a un curso de natación.

Dori Oliver

A Max le encanta y a Poliana también. Los dos se lo pasan de rechupete a la hora del baño. El patito ya se ha curado y disfruta de lo lindo nadando en la bañera. Se sumerge, luego asoma la cabeza, mueve las alas, chapotea, chapotea y... chapotea.

-¡Cuidado, Max, que vienen mis padres! Y a ellos seguro que no les parecerá tan divertido.

LA FIESTA DE DISFRACES

El próximo sábado es el cumpleaños de Toni. Le gustaría celebrar una fiesta de disfraces. Ha invitado a muchos amigos y amigas. En la hora del recreo, charlan sobre el tema:

-Hay un problema: no tenemos dinero para comprar los disfraces -dice Poliana.

-Eso no es problema, podemos hacerlos nosotros mismos -contesta Miguel.

-¡Fantástico, es una gran idea! Pero, ¿de qué nos disfrazamos? -responde otro niño llamado Pablo.

Piden ayuda a Carlos, su profesor. Él les da pistas con estas adivinanzas. ¿Quieres ayudarles tú a resolverlas?

Una escoba
y un sombrero,
fea nariz,
feos pelos.

Disfraz de

____

Con antenas y pico
y con dos alas,
con un cuerpo negro
y amarillas las rayas.

Disfraz de ______________________

Cuatro plumas en el pelo
y una cinta de color,
muchos flecos en el traje
y maquillaje un montón.
Disfraz de ______________

Una caja de cartón
y papeles de regalo,
muchos lazos de color
y algo de imaginación.
Disfraz de ______________

Unos grandes zapatones,
la chaqueta de papá,
una flor en el sombrero
y una nariz "colorá".
Disfraz de ______________

Las ideas que les dio Carlos les han ayudado mucho. Ya han elegido el disfraz. Ahora a ponerse "manos a la obra".

Entre todos consiguen cajas, pegamento, papeles y cintas de colores. Luego se reparten las tareas: uno recorta las cajas, otra pega los papeles, alguien coloca las cintas... Y en muy poco tiempo terminan los disfraces. ¡Qué bien han quedado!

La fiesta de cumpleaños es todo un éxito. Los padres de Toni han preparado cosas muy ricas para merendar y de postre una estupenda tarta de chocolate con siete velas.

El abuelo de Toni les hace a todos una foto
grupo. Están realmente guapísimo
ces tan vistosos. El únic
pueden sentar.

¿Jugamos al juego chirimbolo?

El juego chirimbolo,
¡qué bonito es!

Con un pie, otro pie,
un brazo, otro brazo;
una mano, otra mano,
la nariz y el codo.

El juego chirimbolo,
¡qué bonito es!

¡Qué divertido es jugar a esto!

Verbena, verbena,
caballito de Cartagena,
los de delante corren mucho
los de detrás se quedan.

-¿Qué prefieres,
naranja o limón?
-¡Naranja!
-Ponte detrás de mí.

Verbena, verbena,
caballito de Cartagena,
los de delante corren mucho
los de detrás se quedan.

Noticias frescas

Carlos ha llegado esta mañana a clase con un periódico bajo el brazo. Parecía algo triste. Está cariñoso como todos los días, pero un poco serio.

-¿Qué te pasa, Carlos? -le preguntan.

-Estoy preocupado por una noticia que he leído.

-¿Nos la puedes leer? -le piden todos.

-De acuerdo, os la leeré y después me dais vuestra opinión, ¿vale?

«Adiós al parque Chinchón»

Nuestro querido parque Chinchón va a ser destruido. En su lugar van a construir un edificio de siete pisos y un supermercado.

El parque Chinchón estaba últimamente un poco descuidado. Pero los niños de esa zona se columpiaban y jugaban en él. ¿Dónde jugarán ahora?

Todos los vecinos del barrio están muy apenados. El parque es la única zona verde que tienen. No quieren perderlo. Pero no saben qué hacer para evitarlo. Esperemos que no lo destruyan.

-¿Qué os parece? -pregunta Carlos.

-¡No puede ser cierto! -contesta Miguel.

-Es el parque donde vamos a jugar por las tardes -dice Zoni muy triste.

-¿Qué podríamos hacer? -pregunta Poliana.

Se reúnen en asamblea y deciden contar la noticia por todo el colegio. Si todos piensan a la vez, algo se les tiene que ocurrir.

Se les ha ocurrido confeccionar varias pancartas. Participa todo el colegio y cada clase hace una diferente. Los padres y las madres también ayudan a sus hijos.

Todos juntos irán el próximo viernes al parque y pedirán al alcalde que no lo destruyan. Será su forma de manifestarse a favor de las zonas verdes. ¡Seguro que les harán caso!

El parque es vida
NO matéis
PARQUES SÍ

Cuidemos la Naturaleza
y tendremos vida sana
nuestro futuro
Queremos
zonas
verdes

El parque Chinchón se ha salvado. La clase de Poliana lo celebra con poesías y trabajos sobre la Naturaleza.

Bello mundo

Queremos un mundo
sin contaminar,
que naden los peces
en el ancho mar;
bandadas de aves
surcando el cielo,
montañas y valles
con muchos riachuelos.

Agua, cielo, tierra,
bosque, vida, sol,
futuro, esperanza,
vosotros y yo.
Queremos un mundo
sin contaminar,
la lluvia de otoño,
el viento en el mar,
un bello arco iris,
vivir, respirar.

Agua, cielo, tierra,
bosque, vida, sol,
futuro, esperanza,
vosotros y yo.

Dori Oliver.

de primero

niñas quieren

y

cuidar

niños

la

Los

Naturaleza.

Las plantas

son los

pulmones de

nuestro

planeta.

más

mundo

todos

Entre

sano.

conseguiremos un

SERES VIVOS,

ELLOS TAMBIÉN

LOS

SUFREN.

RESPETEMOS

agua, porque

el

es

muy

malgastes

necesaria.

No

Estoy cansada de que todo el mundo se siente encima de mí. ¡Qué pesados son!

Peor es lo mío. Me hacen madrugar más que a nadie. Y, en cuanto hablo, todos se enfadan conmigo. ¡Vaya suerte la mía!

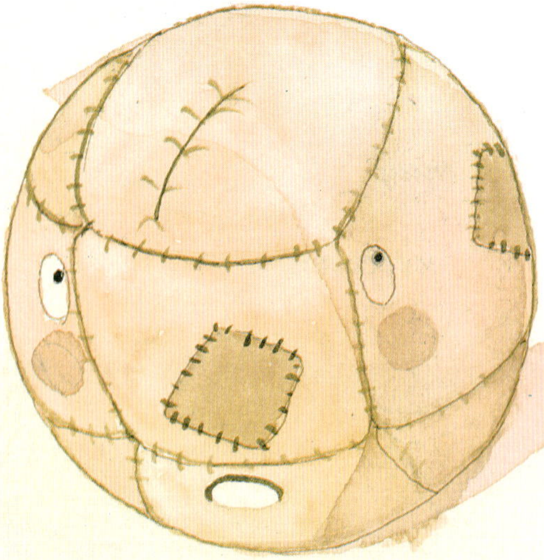

No os quejéis, muchachos, que al menos a vosotros no os dan patadas. ¡Yo ya estoy harto!

¡Ay, yo siempre tostando pan y sin poderlo probar!

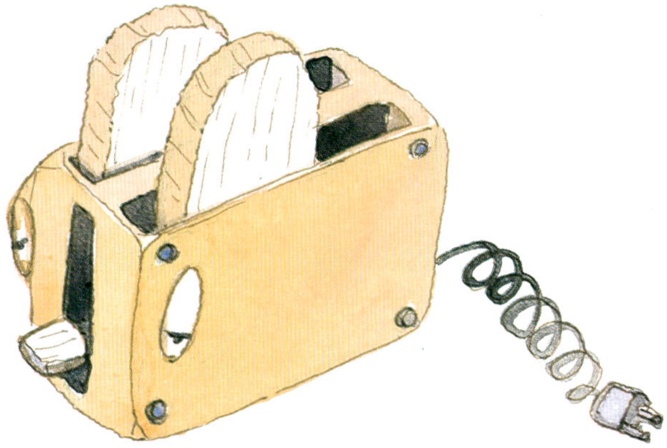

Yo, la verdad, no me quejo. Me sacan todos, todos los días a pasear y a tomar el sol.

Conmigo pasan muchas horas, pero no paran de cambiarme de canal. ¡Me vuelven medio loco!

Y de mí, ¿qué opináis?
Yo ______________________

____

EL LAGO DE LAS RANAS

¿Verdad que salir de excursión es súper-emocionante?

A Poliana y a Toni les parece lo más emocionante del mundo.

Durante varios días han preparado la excursión en clase.

También se han repartido las tareas por grupos. Van a visitar un precioso lago que hay en un pueblo cercano.

Se llama *El lago de las ranas,* porque, según dicen, está plagado de estos animales.

Todos han llenado sus mochilas de bocadillos, de botellas de agua, y sobre todo de ilusión.

Ya en el autobús, todos cantan alegremente. Y Carlos les comenta cómo es el paisaje que ven por las ventanillas. En otros momentos, cuentan chistes como estos:

-Era un señor tan bajito, tan bajito, que la cabeza le olía a pies.

- Era un señor tan alto, tan alto, que usaba las nubes como cojines.

-Era un señor tan pequeño, tan pequeño, que se sentaba en el canto de un duro y le colgaban los pies.

Al llegar al lago, el autobús desplegó su plataforma especial para bajar a Arturo y su silla de ruedas. ¡A ese autobús no le faltaba de nada!

Tenían razón al llamarle *El lago de las ranas*, porque allí sólo se oía croar: ¡croac, croac!, y más ¡croac!

Como había tantas ranas, cada equipo eligió una. Le pusieron un gracioso nombre y la animaban a participar en la carrera de saltos.

-¡Vamos, Rayo Veloz, salta mucho!

-¡Ánimo, Supercorretona, que vas a ganar...!

Después, se despidieron cariñosamente de las ranitas y las devolvieron a su gran lago.

De regreso al colegio, cantaban esta canción dedicada a sus amigas las ranas.

Cucú, cantaba la rana,
cucú, debajo del agua.

Cucú, pasó un caballero,
cucú, con capa y sombrero.

Cucú, pasó una señora,
cucú, con traje de cola.

Cucú, pasó un marinero,
cucú, vendiendo romero.

Cucú, le pidió un ramito,
cucú, no le quiso dar.

Cucú, se metió en el agua,
cucú, se puso a llorar.

Exposición de trabajos

Me ha gustado mucho la excursión. El lago de las ranas es muy bonito y con montones de ranas grandes, medianas y pequeñas.

Pablo

A mí me encantó montar en autobús y cantar canciones.

Paloma

En esta excursión he aprendido muchas cosas sobre las ranas. Son divertidas y muy resbaladizas.

Me lo pasé fenomenal.

Poliana

Para mí, lo mejor de la excursión fue la carrera de ranas. Mi rana fue la ganadora y por eso la voy a dibujar.

Miguel

sobre la excursión

Lo más divertido para nosotros dos fue la hora de la comida. Sin darse cuenta, Zoni se había sentado encima de su mochila. Y fijaos cómo quedaron sus cosas. Fue de risa.

Arturo y Zoni:

Me gustó mucho cuando estuvimos jugando cerca del lago.

Cati

Chicas y chicos:

A mí lo que más me gustó fue lo bien que os portasteis.

Por eso os felicito a todos.

Carlos

Carlos ha preparado estas adivinanzas sobre lo que vieron en la excursión. Si quieres ayudarlos a resolverlos, une cada adivinanza con su dibujo.

Salta y salta,
y la cola le falta.

Volando en el aire y
besando las flores,
se pasan la vida en
luz y colores.

Los pusimos dentro
de nuestra mochila,
de jamón y queso,
otros de tortilla.

Nos metimos dentro
y él nos llevó,
y cuando llegamos
allí nos paró.

Todos los niños y niñas copiaron esta poesía en una hoja. Luego, cada uno dibujó la ardilla que habían visto subida en un árbol.

La ardilla

La ardilla corre.
La ardilla vuela.
La ardilla salta
como locuela.
–Mamá, la ardilla
¿no va a la escuela?
Ven, ardillita,
tengo una jaula
que es muy bonita.
–No, yo prefiero
mi tronco de árbol
y mi agujero.

Amado Nervo

La casita del jardín

No todo el mundo puede salir de vacaciones en verano. Nuestros amigos este año tampoco pueden hacerlo. Pero no importa, porque seguro que se lo van a pasar estupendamente. Os explicaré qué hacen:

Los pisos donde viven Toni y Poliana tienen un pequeño jardín con césped, y a sus padres se les ha ocurrido montar en él una tienda de campaña. Será la casa de juegos para todos los chicos y chicas que viven allí. ¿No os parece una idea fantástica?

Veamos qué ocurre en esa casa.

1
¿Poliana, estás ahí dentro? ¿Puedo entrar?
¡Pasa, rápido!
2
Somos Marta y Miguel. ¿Podemos pasar?
Sí, pasad
3
Somos quince. ¿Podemos entrar, amigos?
¿Quién es?
Sí, sí, sí.
¡Toc, toc!
4
¡Ja, ja, qué diver!
¡Cuidado, alguien me está pisando!
¿A qué jugamos ahora?
Pues, ¿qué os parece...?

Jugamos a...

Al ratón y al gato

Ratón, que te pilla el gato,
ratón, que te va a pillar,
si no te pilla esta noche
mañana te pillará.

Antón Pirulero

Antón, Antón,
Antón Pirulero,
cada cual, cada cual
que aprenda su juego.
Y el que no lo aprenda,
pagará, pagará,
pagará una prenda.
Antón, Antón...

A las rimas locas

Mi hermano tiene un bigote,
que le llega hasta el cogote.

La sartén de mi cocina
se ha ido a vivir a China.

Queremos ir a la escuela
en un barquito de vela.

Se han subido a una seta
un domador y un atleta.

De día, la señora Luna,
se acurruca en una cuna.

A decir trabalenguas

¡Qué triste
estaba Tristón,
tras el tropezón
que dio tropezando
en un tractor!

La institutriz Miss Trestrós
trepó, dando tres traspiés,
al tranvía treinta y tres,
en lugar del treinta y dos.

Ramiro Ramos Ramete,
arregla en un periquete
las roturas del reloj.

Jugamos a adivinar personajes

Es una niña vestida de rojo.
Visita a su abuela
y se encuentra al lobo.

Está en muchos cuentos,
siempre es la peor,
unas veces vuela
y otras veces no.

Era un muñeco de pura madera,
convertido en niño empezó a mentir,
y le fue creciendo mucho la nariz.

Dormida, dormida
cien años pasó,
hasta que un príncipe
un beso le dio.

Mensaje secreto para ti

Ya no hay  Este verano me gustaría ir a la  o a la  con mis  y mi 

También leeré muchos  y haré  con mis 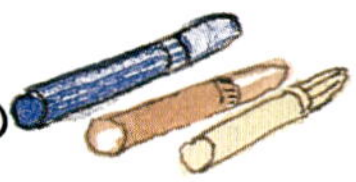 y mis 

Y por supuesto jugaré mucho con 

Os deseo a todos unas estupendas vacaciones.

Un  de vuestra amiga:

Poliana

Para leer mi mensaje secreto necesitas un espejo.
Sitúalo delante y lo podrás entender.

Me alegro mucho de que ya seamos amigos.

Espero que os hayáis divertido con nosotros.

Ahora que tenemos vacaciones lo más importante es pasarlo bien.

Tatiana y yo os echaremos de menos.

A lo mejor, el próximo curso nos vemos otra vez.

¡Hasta pronto, amigos y amigas!

Un fuerte abrazo de vuestro amigo:

Toni

DESPEDIDA ALEGRE

Esta es la última página.
Nos vamos a despedir,
pero vosotros tranquilos,
porque no se acaba aquí.
Hasta pronto os decimos,
nos volveremos
a ver,
cuando vosotros queráis
abrir el libro
otra vez.
Este libro no tiréis,
dejadlo en algún rincón,
tiene juegos y canciones,
trabalenguas, disparates,
poesías y narraciones.
Tiene además a dos niños
preparados a jugar,
somos Toni y Poliana,
dos amigos de verdad.